AF381451

LEAN IN

Frauen und der Wille zum Erfolg

Zusammenfassung & Analyse
des Bestsellers von Sheryl Sandberg

Verfasst von Alison Brogan
Übersetzt von Florian Siegl

Non-Fiction kompakt   50MINUTEN.de

LEAN IN

FRAUEN UND DER WILLE ZUM ERFOLG

Lean In rückt Frauen auf dem Weg in Führungspositionen in den Fokus. Die Autorin Sheryl Sandberg hofft, dass ihr Buch dazu animieren kann, sich Ziele zu setzen und leidenschaftlich seine persönliche Entwicklung voranzutreiben. Dabei sollten sich Frauen nicht durch Hürden auf ihrem individuellen Karriereweg daran hindern lassen, ihre Potenziale auszuschöpfen. Die Autorin nutzt Erkenntnisse aus der Soziologie und teilt auch eigene Erfahrungen als Frau in der Geschäftswelt mit den Lesenden. In Politik und Wirtschaft sind laut Sandberg auch heute noch wichtige Schlüsselpositionen meist von Männern besetzt, zudem besteht die Ungleichheit in der Bezahlung zwischen den Geschlechtern noch immer. Trotz der Tatsache, dass sich die Bedingungen für Frauen in vielen Teilen der Erde verbessert haben, ist die Autorin der Ansicht, dass Frauen bei wichtigen Entscheidungen nach wie vor nicht miteinbezogen werden.

Laut den wirtschaftlichen Modellvorstellungen und vielen wissenschaftlichen Studien würde sich die gesellschaftliche Leistungsfähigkeit verbessern, wenn der gesamten verfügbaren Arbeitskraft neutral begegnet werden würde. Es muss daher davon ausgegangen werden, dass das volle Potenzial nicht ausgenutzt wird, wenn Frauen in Führungsebenen unterrepräsentiert sind. Sandberg glaubt, dass es sinnvoller wäre, diese Chancen zu nutzen.

Die Autorin erläutert, dass Frauen auf ihrem Karriereweg sowohl von äußeren sozialen als auch inneren individuellen Barrieren behindert werden. In ihrem Buch will sie vor allem auf die inneren Barrieren eingehen und Frauen Möglichkeiten aufzeigen, wie sie mehr Selbstvertrauen gewinnen. So ist Sandberg der Meinung, dass das Hauptproblem im beruflichen Umfeld unangebrachte Zurückhaltung ist, die verhindert, dass zahlreiche Frauen ihre Ziele er- reichen können. Anders als andere Feministinnen geht Sandberg jedoch nicht davon aus, dass Frauen nur dann an Einfluss gewinnen können, wenn institutionelle Hürden von anderen für sie beseitigt werden. Vielmehr sind Frauen selbst dazu in der Lage, diese Hürden aufzulösen, indem sie sich in Führungspositionen dafür einsetzen. Innere und äußere Barrieren sollten gleichermaßen in Frage gestellt werden, wobei dafür akzeptiert werden muss, dass nur durch eine zeitweise Anpassung an das gegenwärtige System letztlich eine Veränderung herbeigeführt werden kann.

Schlüsselinformationen

- **Referenzwerk:** *Lean In: Women, Work and the Will to Lead*
- **Deutsche Version:** *Lean In: Frauen und der Wille zum Erfolg*
- **Autorin:** Sheryl Sandberg (Chief Operating Officer des Unternehmens Facebook Inc., geboren 1969)
- **Erstausgabe:** 2013
- **Kontext:** Führungskultur, Feminismus, amerikanische Unternehmenskultur, Gleichstellung, Selbstbewusstsein
- **Schlüsselwörter:**
  - Innere und äußere Barrieren: Als innere Barrieren versteht die Autorin psychische Hürden, die Frauen davon

abhalten können, sich aktiv für ihre persönliche Karriere zu engagieren. Dazu zählen unter anderem ein Mangel an Selbstvertrauen und eine zögerliche Haltung, wenn es darum geht, eigene Interessen durchzusetzen. Äußere Barrieren sind dagegen systembedingt. So müssen sich Frauen häufig mit Sexismus, Diskriminierung, sexueller Belästigung und frauenfeindlicher Personalpolitik auseinandersetzen.

- <u>Geschlechterklischees</u>: In der Gesellschaft herrschen stereotype Bilder von geschlechtsspezifischen Verhaltensweisen vor, die sowohl Wahrnehmungen als auch Erwartungen beschreiben. So wird Männern meist eine ausgeprägte Führungskompetenz nachgesagt, während Frauen häufig als häusliche Kindererzieherinnen gesehen werden. Laut der Autorin ist es gesellschaftlich unerwünscht, dass Frauen ihre Führungsqualitäten unter Beweis stellen und wenn sie dies doch tun, müssen sie damit rechnen, als herrisch kritisiert zu werden. Von Männern wird dagegen schon früh erwartet, dass sie Verantwortung übernehmen.

- 13 -

EINLEITUNG

Sheryl Sandberg wurde im Jahr 1969 in Washington D.C. geboren und wuchs in der Stadt North Miami Beach im US-Bundesstaat Florida auf. Zunächst studierte sie Wirtschaftswissenschaften an der Universität Harvard und schloss ihren Bachelor als beste ihres Jahrgangs ab, sodass sie in die akademische Elitegesellschaft Phi Beta Kappa, ein Netzwerk besonders talentierter Absolventen, aufgenommen wurde. Nach diesem ersten Abschluss arbeitete Sandberg einige Zeit als wissenschaftliche Mitarbeiterin unter Larry Summers für die Weltbank, ehe sie an der Harvard Business School erneut studierte. Etwa ein Jahr war sie danach für die Unternehmensberatung McKinsey & Company tätig, anschließend machte Larry Summers, der inzwischen die Regierung von US-Präsident Clinton unterstützte, sie zur Stabschefin im amerikanischen Finanzministerium. Im Jahr 2001 wechselte Sandberg zum Internetunternehmen Google LLC. Von der Geschäftsbereichsleiterin stieg sie dort zur stellvertretenden Leiterin des globalen Onlineverkaufs auf. Mark Zuckerberg, einer der Gründer und Vorstandsvorsitzender von Facebook Inc., konnte sie schließlich im Jahr 2008 für sich gewinnen. Nur drei Jahre später war sie auch bei Facebook so weit aufgestiegen, dass sie in der Position des Chief Operating Officer als erste Frau in den Vorstand gewählt wurde. Seitdem ist sie mit der Aufgabe betraut, das operative Geschäft des Unternehmens zu leiten. Des Weiteren war Sandberg auch in den Führungsebenen verschiedener anderer Unternehmen tätig, darunter Starbucks und Walt Disney. Ihr beruflicher Erfolg bei Google und Facebook brachte ihr weltweite Bekanntheit ein und das Wirtschaftsmagazin *Fortune* sah sie im Jahr 2019 auf dem sechsten von insgesamt fünfzig Plätzen im Ranking der einflussreichsten Frauen der internationalen Geschäftswelt.

HINTERGRUND

Obwohl Sandberg ihr Buch als „eine Art feministisches Manifest" (S. 18) bezeichnet, sah sich die Autorin selbst lange Zeit nicht als Feministin. Zwar wirkte sie während ihrer Studienzeit an der Gründung der Hochschulgruppe „Women in Economics and Government" mit, verstand diese Organisation jedoch nicht als Beitrag zur Frauenbewegung. Die Gruppe lehnte jegliche Verbindung zum Feminismus ab, da sie fürchtete, mit dem stereotypen Bild von wütenden, männerhassenden Frauen, die ihre BHs verbrennen, in Verbindung gebracht zu werden. Sandberg selbst gibt an, dass die Vereinigung die Meinung vertrat, dass der Kampf um Geschlechtergerechtigkeit längst ausgetragen war und daher keine Notwendigkeit mehr bestand, sich feministisch zu engagieren. Nach ihrem Einstieg in die Berufswelt musste die Autorin jedoch schnell feststellen, dass Menschen aufgrund ihres Geschlechts noch immer unterschiedlich behandelt und beurteilt wurden. Im Laufe ihrer Karriere wurde ihr klar, dass zahlreiche Frauen aus verschiedensten Gründen die Unternehmen verließen oder ihre persönlichen Ziele und Wünsche zurückdräng-ten. Diese Erkenntnis veranlasste Sandberg dazu, Frauen in der Geschäftswelt sowie in Führungspositionen eine Stimme zu geben und die Probleme anzusprechen, denen Frauen auf ihrem Karriereweg begegnen.

Auf der regelmäßig stattfindenden Innovations-Konferenz TED hielt Sandberg im Jahr 2010 einen sogenannten TED-Talk, einen Vortrag, in dem sie über ihre Unzufriedenheit mit den gesellschaftlichen Normvorstellungen der amerikanischen Geschäftswelt sprach und argumentierte, dass Frauen sich nicht länger damit aufhalten sollten, sich anzupassen. Eine Aufzeichnung dieses Vortrags mit dem Titel „Why We Have Too Few Women Leaders" wurde im Internet verbreitet und von mehreren Millionen Menschen begeistert aufgenommen. Rückblickend können Sandbergs Ausführungen während des TED Talks als Vorgeschmack auf ihr Buch *Lean In* gedeutet werden, seit dessen Veröffentlichung sie sich auch offiziell als Feministin sieht.

ZUSAMMENFASSUNG VON *LEAN IN*

DIE REVOLUTION VERINNERLICHEN

Zwanzig Jahre nach ihrem Universitätsabschluss fiel Sandberg auf, dass sich zwar fast alle ihrer männlichen Studienkollegen einen festen Platz in der Wirtschaft erobern konnten, die meisten weiblichen Kommilitoninnen sich jedoch aus dem Beruf zurückgezogen hatten oder sich auf Teilzeitarbeit beschränkten, um sich zu Hause um Kinder zu kümmern. Laut der Autorin gehen Wirtschaft und Politik dadurch hoch qualifizierte Arbeitskräfte verloren. Sandberg stellt zwar klar, dass sie die persönlichen Lebensentscheidungen jeder Frau akzeptiert, allerdings ist sie der Meinung, dass Frauen dazu ermutigt werden müssen, auch Positionen der wirtschaftlichen Führungsebene anzustreben. Obwohl Frauen während der Ausbildung im Schnitt häufig besser abschneiden als ihre männlichen Kommilitonen, schaffen sie es meist nicht, diesen akademischen Vorsprung im Berufsleben zu halten, sodass

nur wenige Frauen Führungspositionen errei-
chen können. Stattdessen dominieren Männer
die Führungsebenen in Unternehmen und
Regierungen. Einen Grund dafür sieht die Autorin
im Missverhältnis bei den Führungsambitionen.
Männer streben Führungspositionen ehrgeiziger
an, auch deshalb, weil die Gesellschaft dies von
ihnen erwartet. Anders als bei Männern wird
Ehrgeiz bei Frauen jedoch nicht selten als negative
Charaktereigenschaft gesehen. Der gesellschaftliche Druck besteht bei ihnen in der Erwartung,
dass sie heiraten und sich um den Nachwuchs
kümmern sollen. Die Vorstellung sozialer, ge-
schlechtsspezifischer Merkmale führt dazu, dass
sich Frauen und Männer an bestimmte, als ange-
messen betrachtete Verhaltensweisen anpassen.
So ist es für Männer eine normale Erwartung,
eine erfüllende Karriere und ein glückliches
Familienleben nebeneinander zu erleben, während von Frauen erwartet wird, dass sie sich für
eines beziehungsweise letzteres entscheiden. In
Lean In vertritt Sandberg jedoch die Meinung,
dass Karriere, Familie und Selbstentfaltung
gleichermaßen zu verwirklichen sind. Sie ruft die
Lesenden auf, sich zu fragen: „Was würde ich tun,
wenn ich keine Angst hätte?" (S. 21). Denn es sind

nicht selten persönliche, innere Barrieren, die verhindern, dass Frauen sich aktiv für ihren eigenen Erfolg zu engagieren und ihre Möglichkeiten nutzen. Sandberg will daher mit ihrem Buch den Anstoß geben, dieses Verhalten zu verändern.

Laut der Autorin ist Verunsicherung ein häufiger Grund, weshalb Frauen im Hintergrund bleiben und sich zurückhalten. Sie gehen nicht selten davon aus, den Anforderungen nicht zu genügen. Sandberg beschäftigte sich mit diesem Denkmuster, nachdem die amerikanische Feministin Peggy McIntosh (geboren 1934) bei Sandbergs Aufnahme in Phi Beta Kappa einen Vortrag mit dem Titel „Das Gefühl zu betrügen" gehalten hatte, in dem sie sich mit dem Hochstapler-Syndrom auseinandersetzte.

DAS HOCHSTAPLER-SYNDROM

Bei diesem psychologischen Phänomen haben die Betroffenen so starke Selbstzweifel, dass sie Schwierigkeiten bekommen, persönliche Fähigkeiten einzuschätzen, und sich letztlich einbilden, als Betrüger entlarvt werden zu können. Sie sind davon überzeugt, dass sich ihre positiven Leistungen

Sandberg stellte fest, dass sie bei schriftlichen und mündlichen Prüfungen nicht selten davon überzeugt war, sich lächerlich zu machen und ihre eigene Unfähigkeit letztlich selbst aufzudecken. Ihre Umwelt würde sie als Betrügerin sehen und erkennen, dass sie im Unterricht eigentlich fehl am Platz sei. Dabei gibt die Autorin zu, dass auch Männer von Selbstzweifeln beeinträchtigt werden können, allerdings führt sie wissenschaftliche Untersuchungen an, die zeigen, dass Frauen häufiger psychische Symptome des Hochstapler-Syndroms zeigen und unter den Beeinträchtigungen leiden. Auf diese Weise werden Frauen davon abgehalten, ihre Möglichkeiten zu nutzen, da sie an ihrer Kompetenz oder ihrer Eignung für eine bestimmte Stelle zweifeln.

Sandberg selbst beschloss, ihre Gedanken und Gefühle anzupassen, nachdem ihr klar geworden war, dass sie sich vormachte, zum Scheitern verurteilt zu sein. Da nicht jeder von Natur aus ein unerschütterliches Selbstvertrauen hat, kann es helfen, sich die verfälschenden Auswirkungen von Selbstzweifeln vor Augen zu führen, um wieder an sich selbst zu glauben. Studien zeigen, dass die psychologische Strategie des „So tun als ob" positive Auswirkungen auf das Selbstvertrauen haben kann. Um sich selbstbewusster zu fühlen, sollte man sich also zunächst gespielt selbstbewusst verhalten.

Von inneren Barrieren abgesehen, müssen Frauen jedoch noch weitere Hürden überwinden. Um den Einfluss der Gesellschaft zu verdeutlichen, greift Sandberg eine Studie der Harvard Business School auf. Darin wurde festgestellt, dass Menschen beider Geschlechter eine Frau als unsympathischer einschätzen, wenn sie in einem traditionell von Männern dominierten Bereich Karriere gemacht hat. Die Studie wurde durchgeführt, indem zwei Gruppen von Testpersonen jeweils der Lebenslauf der bekannten Managerin und Risikokapitalgeberin Heidi Roizen vorgelegt wurde. Doch nur eine Gruppe erhielt die Daten unter dem richtigen Vornamen, Heidi. Für die andere Gruppe wurde der Name in Howard geändert. Bei der abschließenden Beurteilung der Persönlichkeit der beiden Namen zeigten sich deutliche Unterschiede. Howard wurde als verträglicherer Kollege eingeschätzt als Heidi, obwohl es sich bei beiden Lebensläufen um die Angaben ein und derselben Person handelte. Als Sandberg ihr erstes Studienjahr mit dem besten Notendurchschnitt aller Neuanfänger beendet hatte, wurde sie in das Henry-Ford-Stipendienprogramm aufgenommen. Anders als sechs weitere Männer, die ebenfalls Stipendiaten des Programms waren und sich für diese Ehrung öffentlich bewundern ließen, behielt Sandberg ihren Erfolg für sich. Sie ging davon aus, dass ihr ihre herausragenden akademischen Leistungen zum Nachteil werden könnten und in ihrem Buch abstrahiert sie dieses persönliche Problem auf eine allgemeine Ebene.

Laut der Autorin spielen Frauen ihre Stärken herunter, denn Erfolg und Beliebtheit gehen für sie nur selten Hand in Hand. Daran wird deutlich, dass die gesellschaftlichen Rollenvorstellungen von Männern als Anführer und Frauen als Müttern noch immer Bestand haben. Handelt eine Frau in einer Weise, die nicht mit der freund-lichen, mütterlichen Erwartung einhergeht, so wird dieses Verhalten laut Sandberg von der Gesellschaft kritisiert. Ebenso kann es sein, dass eine Frau, die sich zu freundlich gibt, als inkompetent eingeschätzt beziehungsweise bei einem zu professionellen Auftreten als unsympathisch eingestuft wird. Aufgrund dieses Dilemmas müssen Frauen folglich fürchten, sich bei Kollegen und Vorgesetzten unbeliebt zu machen, sollten sie ihr Verhalten an männlichen Stereotypen ausrichten. Die unterschiedlichen Erwartungen an Frauen und Männer haben sogar Auswirkungen auf das Verhalten bei Gehaltsverhandlungen, wie Sandberg anhand von Daten aus wissenschaftlichen Untersuchungen zeigt. Männer lassen sich sehr viel häufiger mit einem potenziellen Arbeitgeber auf Diskussionen über ihren Verdienst ein, während Frauen häufig ein unterbreitetes Angebot einfach annehmen. Dieser Unterschied liegt nicht nur darin begründet, dass Frauen zurückhaltender sind. Frauen, die sich in eigener Sache einsetzen, müssen häufiger mit negativen Reaktionen ihres Gegenübers rechnen als Männer. Sie erscheinen als selbstsüchtig, da sie sich entgegen der sozialen Vorstellung verhalten, nach der Frauen sich vor allem um das Wohl anderer sorgen.

Die Autorin stellt in der Folge einige Ratschläge zur Verfügung, wie Frauen erfolgreicher eigene Wünsche ansprechen können. Sie empfiehlt, der Verhandlungssituation einen Rahmen zu geben und beim Gegenüber eine gedankliche Verbindung zu einer größeren Gruppe zu erzeugen, sodass man nicht mehr als egoistisch wahrgenommen wird. Auf diese Weise können Frauen eine Verhandlung aktiv gestalten, ohne negative Auswirkungen befürchten zu müssen. Zudem sollten sich Frauen darauf vorbereiten, dass von ihnen erwartet wird, ihre Bitte nach mehr Gehalt zu rechtfertigen, was bei Männern in der Regel nicht der Fall ist. Als Gründe könnten hierbei beispielsweise bestimmte Branchenstandards angeführt oder darauf verwiesen werden, dass Vorgesetzte auf die Möglichkeit einer Verhandlung hingewiesen haben. Schlussendlich erklärt Sandberg, dass die Gehaltsvorstellung trotz aller Beharrlichkeit und der professionellen Situation auch von einem Lächeln und einer gewissen Freundlichkeit begleitet werden sollte.

Sandberg vermeidet, das häufig gezeichnete Bild der Karriereleiter zu übernehmen, und spricht sich stattdessen für die Metapher des Klettergerüsts für die Karriere aus. Sie rät davon ab, einen strengen Karriereplan aufzustellen und eisern daran festzuhalten. Stattdessen sollte über allem beruflichen Handeln ein übergeordnetes Ziel beziehungsweise ein Traum stehen. Die Autorin selbst hatte schon als Kind den Traum, die Welt zu verändern. Indem eine Karriere nicht Schritt für Schritt geplant wird, bleiben Spielräume für Anpassungen und Risikobereitschaft, die es Menschen erlauben, neue Fähigkeiten zu erlernen und mit ihrer Arbeit zufrieden zu sein. Als Sandberg begonnen hatte, bei Facebook als Chief Operating Officer zu arbeiten, fragten sich viele, wieso sie sich für diese Position in der zweiten Reihe entschieden hatte, obwohl andere Unternehmen ihr eine Stellung als Vorstandsvorsitzende angeboten hatten. Doch die Autorin gibt selbst an, dass sich dieses Risiko für sie gelohnt hat. Bei diesem Wechsel musste Sandberg auch feststellen, dass Frauen generell nicht so risikofreudig in Bezug auf ihre

Karriere sind wie Männer. Als sie Google verließ, folgten ihr zunächst die Männer ihres dortigen Teams zu Facebook. Erst als sich Facebook in der Unternehmenswelt etabliert hatte, entschieden sich auch Frauen dafür, sich ebenfalls umzuorientieren. Es scheint also externe Einflüsse zu geben, die die Risikoaversion unter Frauen ansteigen lassen. Sandberg empfiehlt jedoch, dass Frauen neuen und unsicheren Möglichkeiten offen gegenübertreten und sie als Chance zur Vorbereitung auf Führungsaufgaben sehen. Dazu gehört auch, Herausforderungen anzunehmen und sich auch Leuchtturmprojekte zuzutrauen. In diesem Kontext führt die Autorin einen internen Bericht des amerikanischen Computer- und Druckerherstellers Hewlett-Packard an. So bewarben sich Frauen deutlich seltener auf offene Stellen, wenn sie nicht davon überzeugt waren, alle notwendigen Qualifikationen zur Ausführung der neuen Tätigkeit zu besitzen. Männer dagegen bewarben sich schon, wenn sie etwa 60 Prozent der Anforderungen erfüllen konnten und verließen sich dann darauf, die restlichen Qualifikationen während der Arbeit aufholen zu können. Für Frauen liegt der Schlüssel zum nächsten Karriereschritt folglich darin, beherzt für sich selbst einzustehen und sich für Beförderungen in Position zu bringen.

In der Berufswelt ist es darüber hinaus üblich, dass Mitarbeiter mit einer gewissen Expertise Berufseinsteigern bei ihrer Karriere im Unternehmen unter die Arme greifen. Sandberg macht in diesem Zusammenhang auf Mentoren und Förderer aufmerksam, die für ihre persönliche Karriere eine Rolle gespielt haben. Außerdem teilt sie ihre Erfahrungen, wie sie selbst als Mentorin fungiert hat. Zudem führt Sandberg Untersuchungen an, die ergeben haben, dass Teilnehmer von Mentorenprogrammen eher dazu neigen, über ihre Bezahlung zu verhandeln und anspruchsvollere neue Aufgaben anzunehmen. Allerdings zeigen sich auch beim Mentoring deutlich Unterschiede zwischen Männern und Frauen. So geht Sandberg davon aus, dass es für Männer einfacher ist, einen Förderer zu finden, als für Frauen. Frauen nehmen dagegen häufiger eine aktive Rolle bei der Suche nach Mentoren ein, da auch sie die Wichtigkeit dieser Beziehung erkennen, jedoch deutlich seltener eine Partnerschaft angeboten bekommen. Sandberg merkt dabei kritisch an, dass eine Mentorenbeziehung idealerweise auf Gegenseitigkeit beruhen sollte, dem Mentor also genauso das Gefühl gegeben werden muss, Vorteile aus der Verbindung zu ziehen, wie dem Mentee. Mentoren wollen dabei in der Regel eine gewisse Verbundenheit zu der Person fühlen, für die sie sich einsetzen. Anstatt erfahrene Mitarbeiter also direkt zu fragen, ob sie Mentoren werden wollen, ist es meist geschickter, Interesse für den Bereich zu zeigen, in dem sie sich ihre Expertise erarbeitet haben. Auf diese Weise kann man ihre Aufmerksamkeit erregen und sie durch einen derartigen Austausch möglicherweise auch dauerhaft als Mentoren gewinnen. Zudem schlägt die Autorin vor, dass mehr Unternehmen offizielle Mentorenprogramme einführen.

KOMMUNIKATION ALS SCHLÜSSEL

Sandberg ist eine Verfechterin einer offenen, authentischen Kommunikation. Der Autorin ist es sehr wichtig, dass Kollegen unabhängig von ihrer Expertise dazu animiert werden, ihre ehrliche Meinung mit anderen zu teilen. In einem Umfeld, in dem Ratschläge und konstruktive Kritik positiv aufgenommen werden, herrscht deutlich mehr Raum für Weiterentwicklung. So bat Sandberg auch darum, dass sie von Beginn ihrer Arbeit bei Facebook an wöchentlich Feedback von Mark Zuckerberg erhalten würde. Auf diese Weise wollte sie eventuelle Missverständnisse bereits ausräumen, bevor sich Verärgerung aufstauen konnte. Daraus entwickelte sich eine Atmosphäre der gegenseitigen Rückmeldung und auch Sandberg hatte die Gelegenheit, eigene Standpunkte anzusprechen. Offenheit gegenüber Feedback bedeutet auch, offen die Verantwortung für Fehler zu übernehmen. Eine positive Fehlerkultur ist laut Sandberg mindestens genauso entscheidend für die Entwicklung eines geschäftlichen Vorhabens.

Die Autorin geht davon aus, dass viele Menschen glauben, sich in ihrem Arbeitsumfeld verstellen zu müssen, also eine professionelle Rolle spielen müssen, die von ihrer wahren Persönlichkeit getrennt ist. Sandberg hat selbst an diese Aufteilung geglaubt, allerdings ist sie mittlerweile der Meinung, dass es gut ist, wenn Menschen alle Facetten ihrer Persönlichkeit in ihrem Beruf zeigen. Dabei ist es notwendig, individuelle Gefühle und persönliche Seiten an sich selbst auch im beruflichen Kontext zu würdigen, denn das Privatleben hat unter Umständen Auswirkungen auf die berufliche Leistungsfähigkeit. Für manche Arbeitnehmer fühlt es sich so an, als sei es ein grober Fehltritt, auf der Arbeit zu weinen, doch möglicherweise ist dieser Eindruck falsch. In diesem Zusammenhang führt Sandberg die Erlebnisse einer Freundin an, die ihrerseits sehr erfolgreich auf ihrem Gebiet ist. Das Kind dieser Freundin litt bereits bei der Geburt an einer ernstzunehmenden gesundheitlichen Beeinträchtigung. Zu diesem Zeitpunkt mussten sich die Kollegen der Freundin daran gewöhnen, dass sie im Büro weinte. Das öffentliche Zeigen ihrer Gefühle führte dazu, dass sie sich besser fühlte und weniger Probleme bei ihrer Arbeit hatte, denn ihre Kollegen unterstützten sie und von ihren Vorgesetzten erhielt sie sogar die Möglichkeit, ihre Arbeitszeiten flexibler zu gestalten. Dies zeigt, dass es nicht schaden muss, Emotionen zuzulassen, wobei dieses Verhalten bisher insbesondere Frauen häufig negativ ausgelegt wird.

VEREINBARKEIT VON BERUF UND FAMILIE

Sandberg argumentiert, dass vielen Mädchen bereits im frühen Kindesalter nahegelegt wurde, dass sie nur dann wertvolle Mitglieder der Gesellschaft werden können, wenn sie einen Mann finden und Kinder bekommen. Unzählige Frauen auf der ganzen Welt haben diese Vorstellung der Lebensplanung verinnerlicht und sie beeinflusst viele ihrer Entscheidungen, meist sogar, bevor sie Mütter werden. Sandberg glaubt erkannt zu haben, dass viele Frauen dazu neigen, ihre gegenwärtigen Entscheidungen so zu treffen, dass sie zu einer Zukunft als Mutter passen. Tatsächlich führt dies jedoch häufig dazu, dass die Frauen bewusst oder unbewusst ihre beruflichen Ziele herabsetzen, weil sie sich auf Kinder einstellen. Beförderungen oder neue Stellenangebote werden dann möglicherweise abgelehnt. Die Autorin rät Frauen daher, sich nicht einzuschränken, solange das Thema Mutterschaft noch nicht spruchreif ist. Stattdessen sollte man seine Karriere weiter vorantreiben, bis definitiv eine Entscheidung getroffen werden muss. So wird es wahrscheinlicher, dass Frauen sich aus einer Arbeit in den Mutterschutz verabschieden können, die sie leidenschaftlich gerne verfolgen. Sich bereits präventiv auf eine Mutterschaft vorzubereiten und sich deshalb beruflich zurückzuziehen hat dagegen häufig die Folge, dass man einem

Beruf nachgeht, den man als eintönig empfindet und dem man mit Gleichgültigkeit begegnet. Des Weiteren sollten berufstätige Mütter, so Sandberg, darauf bestehen, dass ihre Partner auch „echte" Partner sind. Sie ruft Männer dazu auf, sich ebenfalls an der Versorgung und Erziehung der Kinder zu beteiligen. Dazu weist sie auf wissenschaftliche Untersuchungen hin, die gezeigt haben, dass es für das Wohlergehen und die kognitive Entwicklung von Kindern förderlich ist, wenn diese mehr Zeit mit ihren Vätern verbringen. Sandberg regt an, das Bild der Frau als Verantwortliche für den Nachwuchs infrage zu stellen und hebt hervor, dass es dazu notwendig ist, dass Frauen auch einen Teil ihrer Kontrolle über den sozialen Bereich der Familie aufgeben. Zwar sind Frauen aus evolutionsbiologischer Sicht stark darauf geprägt, sich um Kinder zu kümmern, allerdings können sowohl Frauen als auch Männer die traditionellen Rollenbilder auflösen und auf ihre eigene Weise handeln. Davon würden sowohl Mütter, Väter und Kinder als auch die Gesellschaft als Ganzes profitieren.

Dabei will die Autorin auch den Mythos, alles allein schaffen zu müssen, widerlegen. Frauen sollten sich nicht die Frage stellen müssen, wie sie Familie und Karriere allein organisieren können. Denn zum einen geht Sandberg davon aus, dass dies unmöglich ist, und zum anderen stellt sie fest, dass Männer sich im Unterschied mit diesem Organisationsproblem nur äußerst selten auseinandersetzen müssen. Auch hier führt sie wissenschaftliche Untersuchungen an. So ergab beispielsweise eine Studie des Early Child Care Research Network, dass es für die Entwicklung eines Kindes keinen Unterschied macht, ob es ausschließlich von seiner Mutter oder von fremden Personen betreut wird. Sandberg kommt daher zu dem Schluss, dass Erfolg „bedeutet, so gute Entscheidungen wie möglich zu treffen... und diese dann zu akzeptieren" (S. 195). Berufstätige Mütter sollten genauso respektiert werden wie Mütter, die sich aus dem Arbeitsleben zurückziehen. Besonders wichtig ist der gegenseitige Respekt unter den Frauen. Denn das Ziel ist schließlich eine Welt, in der soziale Normen, die vorschreiben, wie sich Frauen und Männer zu verhalten haben, aufgebrochen werden.

REZEPTION

Lean In wurde zu einem internationalen Verkaufserfolg. Über ein Jahr lang hielt sich das Buch in der Bestsellerliste von *The New York Times* und brachte seiner Autorin viel Anerkennung ein. Viele Frauen sahen in *Lean In* einen feministischen Ratgeber, der ihnen dabei half, in der Geschäftswelt des 21. Jahrhunderts erfolgreich zu sein. Ein Jahr nach dem Erscheinen des ursprünglichen Werks veröffentlichte Sandberg ihren Text 2014 ein weiteres Mal. Der Titel *Lean In for Graduates* enthält nicht nur alle Informationen aus *Lean In* sondern ist zudem um einige zusätzliche Kapitel ergänzt, in denen die Autorin speziell auf die Situation von Berufseinsteigerinnen eingeht.

KRITIK

Sandberg erhielt für *Lean In* viel Kritik, vor allem wenn es um den feministischen Anspruch ihres Buches ging. So wird ihr beispielsweise vorgeworfen, nicht ausreichend berücksichtigt zu haben, wie verschieden die Probleme bestimmter

Untergruppen von Frauen in der Arbeitswelt sind. Die spezifische Situation von Frauen mit anderer Hautfarbe oder anderer sexueller Orientierung, ebenso von Frauen mit Behinderung oder mit finanziell schwachen familiären Hintergründen wird im Buch nicht behandelt. Zudem halten zahlreiche Kritiker *Lean In* für elitär. Sie vertreten die Meinung, Sandberg habe ein Buch für eine ganz bestimmte Gruppe von Frauen, nämlich die hochqualifizierten, professionellen Karrierefrauen, geschrieben. Für sie mag es ein sinnvoller Hinweis sein, ihre Ziele zu verfolgen sowie Ängste und Bedenken hinter sich zu lassen. Alleinerziehenden Müttern, die Probleme damit haben, den Lebensunterhalt für die Familie zu verdienen, erscheinen die Ratschläge dagegen nur wenig hilfreich.

Ein weiterer Kritikpunkt ist Sandbergs Umgang mit den inneren Hürden, auf die Frauen während ihrer Karriere stoßen. Die Autorin ist sich zwar bewusst, dass auch externe Barrieren hinterfragt werden müssen, um das gegenwärtige System zu verändern, allerdings ist sie auch davon überzeugt, dass sich automatisch Verbesserungen ergeben, sobald mehr Frauen Führungspositionen erreicht haben. Dabei erwähnt sie zahlreiche genderspezifische Vorurteile gegen Frauen und Männer, zeigt jedoch keine Strategien auf, wie man sich davon frei machen kann. Es wurde ihr daher vorgeworfen, Frauen dazu zu ermutigen, sich mit einem System einverstanden zu erklären, von dem sie unterdrückt werden.

AUSWIRKUNG

Wegen des Erfolgs von *Lean In* entschloss sich Sandberg dazu, eine öffentliche Internetcommunity unter demselben Namen zu gründen. Der Webauftritt fungiert als Plattform, auf der sogenannte *Lean In Circles* gegründet werden können. Diese Gesprächsgruppen bieten Möglichkeiten zum Karrierenetworking und sollen insbesondere Frauen dabei helfen, sich beruflich weiterzuentwickeln.

ZUSAMMENGEFASST

- Frauen sind in den Führungsebenen von Unternehmen und Regierungen unterrepräsentiert. Die Gründe dafür sind externe und interne Hürden. Sandberg rät Frauen, an der Überwindung der internen Barrieren anzusetzen:
  - Um das Hochstapler-Syndrom überwinden zu können, sollten Menschen sich darüber bewusst werden, dass Selbstzweifel ihre Selbstwahrnehmung verzerren können. Zudem sollten sie versuchen, Selbstvertrauen auszustrahlen und sich trotz ihrer Ängste für ihre Ziele zu engagieren.
  - Um an die Spitze zu gelangen, sollten Frauen ihren Karriereweg nicht als Leiter, sondern als Klettergerüst verstehen. Sie sollten nicht vor risikobehafteten Entscheidungen zurückschrecken und für sich selbst einstehen.
  - Mentorenprogramme können beiden Seiten Vorteile bringen, wenn das Verhältnis bereits zu Beginn auf Gegenseitigkeit beruht.
  - Frauen sollten ihre Karriere nicht von ihrer

Familienplanung abhängig machen. Werden berufliche Entscheidungen im Hinblick auf spätere Kinder getroffen, kann dies lähmend auf das Vorankommen in der Arbeitswelt wirken.

- Aufgrund der derzeit noch immer vorherrschenden Geschlechterstereotype haben beruflich erfolgreiche Frauen häufig mit Vorurteilen zu kämpfen. Der Stereotyp einer karrierefokussierten Mutter, die die Beziehung zu ihren Kindern für beruflichen Erfolg opfert, wird auch weiterhin von Medien und Kultur reproduziert. Sandberg erklärt: „Dadurch wird alles sehr kompliziert, denn während sich Frauen einerseits an den Tisch setzen und zu ihrem Erfolg stehen müssen, werden sie andererseits gerade deswegen weniger gemocht" (S. 63).
- Frauen und Männer könnten von Frauen in Führungspositionen gleichermaßen profitieren. Auch gesamtgesellschaftlich betrachtet hätten Frauen in Führungspositionen einen positiven Effekt. „Wenn wir anfangen, uns die Talente der gesamten Bevölkerung zunutze zu machen, werden unsere Institutionen produktiver und unsere Familien glücklicher

sein, und die Kinder, die in solchen Haushalten aufwachsen, werden nicht mehr durch engstirnige Klischees ausgebremst" (S. 239).

Ihre Meinung ist uns wichtig!
Hinterlassen Sie doch einen Kommentar auf der
Seite unserer Online-Buchhandlung
und teilen Sie Ihre Favoriten in den sozialen
Netzwerken!

DARÜBER HINAUS

LITERATURVERZEICHNIS

- Dowd, Maureen: „Pompom Girl for Feminism". *The New York Times.* (23.02.2013). https://www.nytimes.com/2013/02/24/opinion/sunday/dowd-pompom-girl-for-feminism.html (03.01.2020).

- Palmer, Gianna: „What impact has Lean In had on women?" *BBC News.* (05.03.2015). https://www.bbc.com/news/business-31727796 (03.01.2020).

- Sandberg, Sheryl: *Lean In. Frauen und der Wille zum Erfolg.* Ullstein: Berlin 2013.

WEITERFÜHRENDE LITERATUR

- Hoffmann-Palomino, Stefanie; Kirbach, Christine; Praetorius, Bianca (Hrsg.): *Die LEAN BACK Perspektive. Leadership heute – 42 inspirierende Wege erfolgreicher Frauen.* Springer Fachmedien: Wiesbaden 2017.

- Maier, Astrid: „Erfolgreiche Frauen büßen Sympathien ein. Interview mit Facebook-Managerin Sandberg". *Spiegel Online.* (22.04.2013).

https://www.spiegel.de/wirtschaft/unternehmen/
interview-mit-facebook-managerin-sandberg-ue-
ber-frauenkarriere-a-895738.html (03.01.2020).

- Offizielle Website zum Buch von Sheryl Sandberg: https://leanin.org/ (03.01.2020).

- Passmann, Sophie: *Alte weiße Männer. Ein Schlichtungsversuch.* Kiepenheuer & Witsch: Köln 2019.

- Tonn, Julia Jane: *Frauen in Führungspositionen. Ursachen der Unterrepräsentanz weiblicher Führungskräfte in Unternehmen.* Springer VS: Wiesbaden 2016.

MEHR AUF 50MINUTEN.DE

- Charlier, Maïlys: *Strategische Karriereplanung. Methoden zum Erstellen eines Karriereplans.* Aus dem Französischen von Mareike Lobeck. Plurilingua Publishing: Brüssel 2019.

- De Lutis, Virginie: *Der erfüllende Job. Ratschläge für ein erfülltes Berufsleben.* Aus dem Französischen von Mareike Lobeck. Plurilingua Publishing: Brüssel 2019.

- De Witte, Bertrand: *Erfolg durch Leadership. Tipps zum Motivieren und Inspirieren Ihres Teams.* Aus dem Französischen von Mareike Lobeck. Plurilingua Publishing: Brüssel 2019.

- Duvivier, Julien: *Selbstvertrauen gewinnen. Tipps und Tricks für mehr Selbstbewusstsein.* Aus dem Französischen von Julia Buchrieser. Plurilingua Publishing: Brüssel 2019.

Die präsentierten Inhalte werden vom Herausgeber überprüft, dennoch übernimmt dieser keine Haftung für die inhaltliche Richtigkeit, Vollständigkeit und Aktualität der vorgestellten Inhalte.

www.50Minuten.de

ISBN digitale Ausgabe: 9782808022682

ISBN gedruckte Ausgabe: 9782808022699

Pflichtexemplar: D/2019/12603/288

Cover: © Plurilingua

Digitale Aufbereitung: Primento, der digitale Partner der Herausgeber